SUCCESSION

DE

M. Paul LEROI (Léon GAUCHEZ)

TABLEAUX

PASTELS — DESSINS

OBJETS D'ART ET D'AMEUBLEMENT

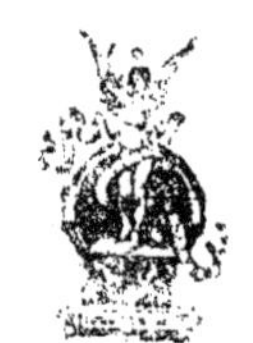

EXEM[illegible] [illegible]MBLEY

CATALOGUE

DES

TABLEAUX ANCIENS

Très belle peinture de P.-P. RUBENS

ŒUVRES REMARQUABLES DE

F. BOUCHER, JEAN DE MABUSE, J. OLIS, PALAMÈDES, RAEBURN, ETC.

TABLEAUX MODERNES

PASTELS, GOUACHE ET DESSINS ANCIENS

Par

VAN BLARENBERGHE, F. COTES, FREDOU, NATOIRE, P.-P. RUBENS,
JOHN RUSSELL, ETC.

Objets d'Art et d'Ameublement

PENDULES EN MARBRE DU XVIIIe SIÈCLE

DONT LA VENTE

Par suite du décès de M. Paul LEROI (Léon GAUCHEZ)

AURA LIEU A PARIS

HOTEL DROUOT, SALLE N° 6
LE LUNDI 16 DÉCEMBRE 1907, à 2 heures

COMMISSAIRES-PRISEURS

Mᵉ F. LAIR-DUBREUIL	Mᵉ HENRI BERNIER
6, rue Favart	ADMINISTRATEUR
PARIS	De l'étude de feu Mᵉ Paul CHEVALLIER
	10, rue Grange-Batelière.

EXPERTS

Pour les Objets d'Art	*Pour les Tableaux*
MM. MANNHEIM	**M. JULES FÉRAL**
7, rue Saint-Georges	7, rue Saint-Georges

EXPOSITIONS

PARTICULIÈRE : *Le Samedi 14 Décembre 1907* ......
PUBLIQUE : *Le Dimanche 15 Décembre 1907* ...... } de 1 h. 1/2 à 5 h. 1/2

CONDITIONS DE LA VENTE

Elle sera faite au comptant.

Les adjudicataires paieront *dix pour cent* en sus des enchères.

Paris. — Imp. de l'Art, Ch. Berger et Cⁱᵉ, 41, rue de la Victoire

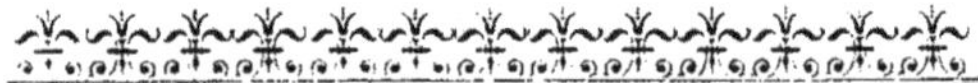

DÉSIGNATION

OBJETS VARIÉS

1 — BROCHE en or émaillé noir.

2 — CACHET : Figurine d'enfant costumé en Mars.
Argent doré.

3 — BOITE en écaille brune, décorée d'un fixé :
Scène de cabaret.

Diam., 70 millim.

4 — MINIATURE RONDE : Portrait d'Homme en
buste.

Diam., 65 millim.

5 — MINIATURE RECTANGULAIRE : Portrait de Femme
en buste, par *Delatour*, 1837.

Haut., 75 millim.; larg., 65 millim.

6 — PETITE MINIATURE OVALE, du temps de
Louis XIV : Personnage en buste portant l'ar-
mure et la perruque. Encadrée.

Grand diam., 35 millim.

7 — DEUX MINIATURES dans un même cadre en
or : Portraits d'Hommes en buste. Commencement du XIXe siècle.

Haut., 55 millim.; larg., 50 millim.

8 — MINIATURE RONDE, par *de Gault, 1771*, représentant deux nymphes nues offrant un sacrifice
au dieu Terme. Cadre en bois doré.

Diam., 6 cent.

9 — ÉTUI en cuir doré fleurdelysé, contenant plusieurs ustensiles en argent. Fin du XVIe siècle.

Haut., 10 cent.

10 — CUILLER en argent uni, présentant une armoi-
rie. Ancien travail allemand.

Long., 15 cent.

11 — AIGUIÈRE en argent ciselé et gravé, décorée
sur le culot de motifs réguliers, sur la panse
d'un double écu d'alliance et sur le déversoir
d'un mascaron. Anse présentant un buste de
femme. Commencement du XVIIIe siècle.

Haut., 27 cent.

12 — COUPE en émail peint de Limoges, par N.
Laudin, XVIIe siècle. Toute la surface est occupée
par un combat de cavaliers romains. Sur le bord,
la signature : « *N. Laudin, émaillieur près les*

Jésuistes à Limoges » (sic). Au centre, une médaille en or : *Saint-Georges.* Pied en bronze Empire à trois griffes de lions.

Haut., 8 cent.; diam., 21 cent.

13 — HAUT-RELIEF en pierre de Munich. Modèle pour un monument funéraire, Allemagne du Sud, fin du XVIe siècle. La partie supérieure est occupée par deux arcades supportées par des colonnettes ; sous ces arcades reposent deux enfants morts tenant une palme ; à leurs pieds, deux lions ; dans les angles, des têtes de chérubins. Quatre écussons d'armoiries, dont un aux armes de l'Électeur de Bavière, complètent la décoration de la pièce.

Haut., 20 cent.; larg., 13 cent.

14 — COFFRET ovale en or émaillé, de travail persan. Il est orné de fleurs, d'oiseaux, d'inscriptions et de personnages.

Gr. diam., 20 cent.
Pet. diam., 15 cent.

15 — PENDULE en marbre blanc, ornée d'un groupe : jeune fille assise et amour lisant. Base décorée d'une frise de feuillages en bronze doré. Époque Louis XVI.

Haut., 40 cent.

16 — GRANDE PENDULE en marbre blanc de la fin du règne de Louis XV.

Le cadran tournant, émaillé et orné de dauphins, est compris dans une sphère enguirlandée de roses d'où s'échappe un serpent en bronze marquant les heures. Sur cette sphère est assis le Temps tenant sa faux sur laquelle l'Amour trace une inscription de la pointe d'une flèche. Cybèle étendue et s'appuyant sur la sphère, une gerbe d'épis à la main, regarde l'Amour ; auprès d'elle, un ruisseau et des animaux.

Socle moderne en marbre bleu-turquin et bronze doré.

Haut. totale, 95 cent. ; larg., 75 cent.

Profondeur, 40 cent.

Hauteur de la base, 15 cent.

17 — MEUBLE A ABATTANT en bois de placage et bronzes, orné d'une plaque en ancienne porcelaine tendre de Sèvres, présentant un panier de fleurs, ainsi que de plaques en ancien biscuit à fond bleu, offrant les signes du zodiaque et des personnages. Dessus de marbre blanc.

Haut., 1 m. 38 cent. ; larg., 70 cent.

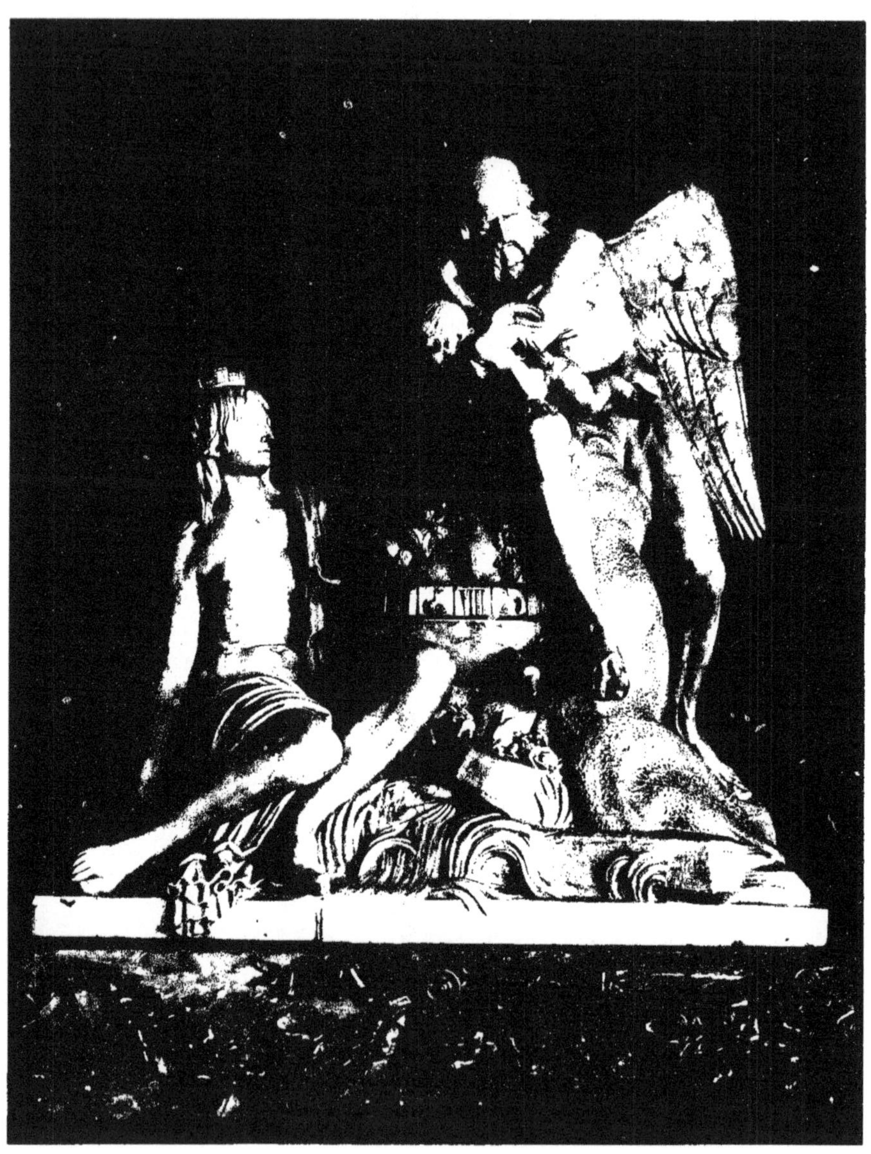

PASTELS — DESSINS

GOUACHE

BLARENBERGHE
(LOUIS VAN)
Lille, 1734-1812

18 — *Ruines au bord d'un cours d'eau.*

> Des ouvriers travaillent à la démolition d'une abbaye d'architecture gothique, au bord d'une rivière où l'on remarque une barque chargée de marchandises et tirée par deux hommes sur un chemin de halage.
> A gauche, au premier plan, des pêcheurs.
> A droite et vers le fond, une ferme.
> Gouache.
> Signée en toutes lettres et datée : *1757.*
>> Haut.. 13 cent.; larg.. 19 cent.

CANGIAGO
(LUCAS)
Moneglia, 1527-1585

19 — *Joseph et la Femme de Putiphar.*
> Dessin au bistre.
>> Haut.. 27 cent.; larg., 40 cent.

COTES

(FRANCIS)

E. Aug., 1725-1770

20 — *Portrait de Jeune Femme.*

Vue presque de face, la tête légèrement inclinée sur
la gauche, en robe de satin blanc décolletée, à manches
et collerette de mousseline ornées de rubans roses, les
cheveux bruns relevés sur le front et bouclés sur la
nuque, elle porte autour du cou, aux oreilles et sur son
corsage, une riche parure de perles.

Pastel.

Signé à gauche en toutes lettres et daté : *1751.*

Haut., 60 cent.; larg., 44 cent.

FREDOU

(J.-M.)

E. Fanç. † 1752

21 — *Portrait présumé de Jacques-André Portail.*

En buste, légèrement tourné vers la droite, perruque
poudrée, habit ouvert sur une chemise à jabot.

Dessin au crayon noir et à l'estompe, rehaussé de
blanc et de sanguine.

Haut., 37 cent.; larg., 26 cent.

NATOIRE

(CHARLES-JOSEPH)

Nîmes, 1700-1777

22 — *Scène de l'Histoire d'Alexandre.*

Dessin à la sanguine.

Haut., 32 cent.; larg., 44 cent.

RUBENS

(PIERRE-PAUL)

Siegen, 1577-1640

23 — *Angelets entourant une monstrance.*

Des petits anges se tenant par la main, ou bien enlacés, voltigent sur un fond de ciel autour d'une monstrance, sous laquelle on remarque un groupe de têtes ailées.

Très beau dessin à la sanguine et à la pierre d'Italie avec rehauts de bistre et de gouache.

Haut., 36 cent.; larg., 47 cent.

RUBENS

(Attribué à)

24 — *Nymphe allaitant des Amours.*

Dessin à la plume, rehaussé de blanc.

Haut., 17 cent.; larg., 17 cent.

Cadre en bois sculpté.

RUSSELL

(JOHN)

Guilford, 1744-1806

25 — *Portrait de Jeune Femme.*

Vêtue d'une robe de mousseline blanche aux manches bouffantes, largement ouverte sur la poitrine et serrée à la taille par une ceinture bleue, elle est représentée à mi-corps, tournée de trois quarts vers la droite. Les cheveux bouclés et poudrés, encadrant son visage aux yeux bruns et tombant sur les épaules, elle porte sur la tête un fichu de gaze noué au-dessus du front.

Fond de ciel.

Pastel de la plus belle qualité de l'artiste et d'une remarquable fraîcheur de conservation.

Signé à droite : *J. Russell, R. A. Pt. 1789.*

Haut., 60 cent.; larg., 45 cent.

TESTA

(PIERRE)

Lucques, 1617-1650

26 — *Vision d'un Pape.*

Dessin au bistre, rehaussé d'aquarelle et mis au carreau.

Haut., 40 cent.; larg., 25 cent.

ÉCOLE FRANÇAISE

(XVIIIᵉ siècle)

27 — *La Pêche.*

Deux hommes et deux femmes pêchent à l'entrée d'un port dans un site agreste.

Effet de soleil couchant.

Pastel.

Haut., 53 cent.; larg., 64 cent.

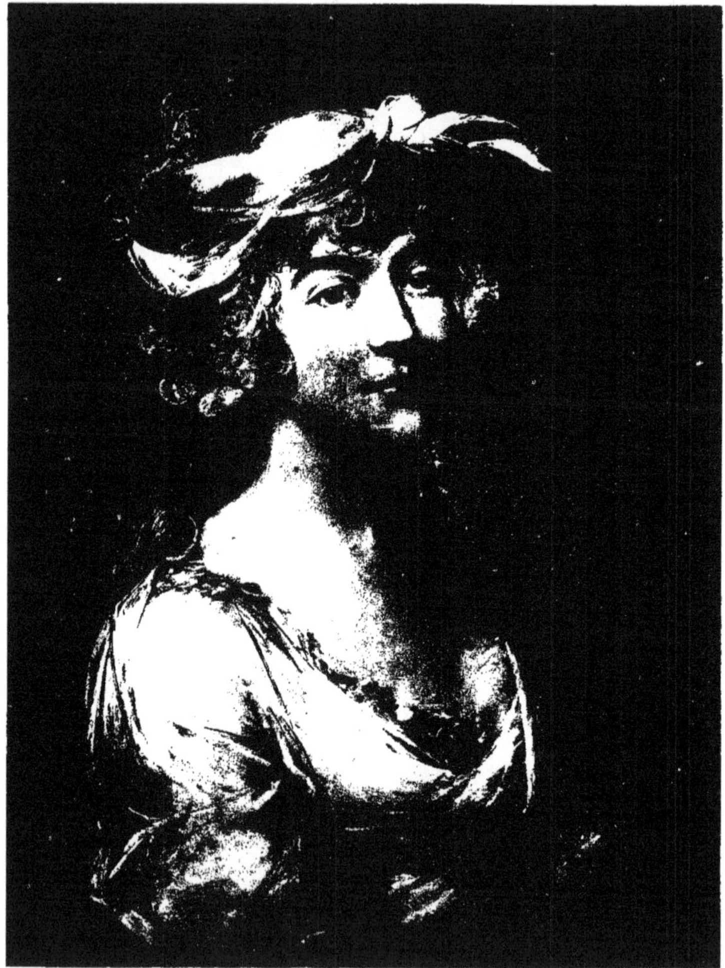

Phototypie Berthaud, Paris

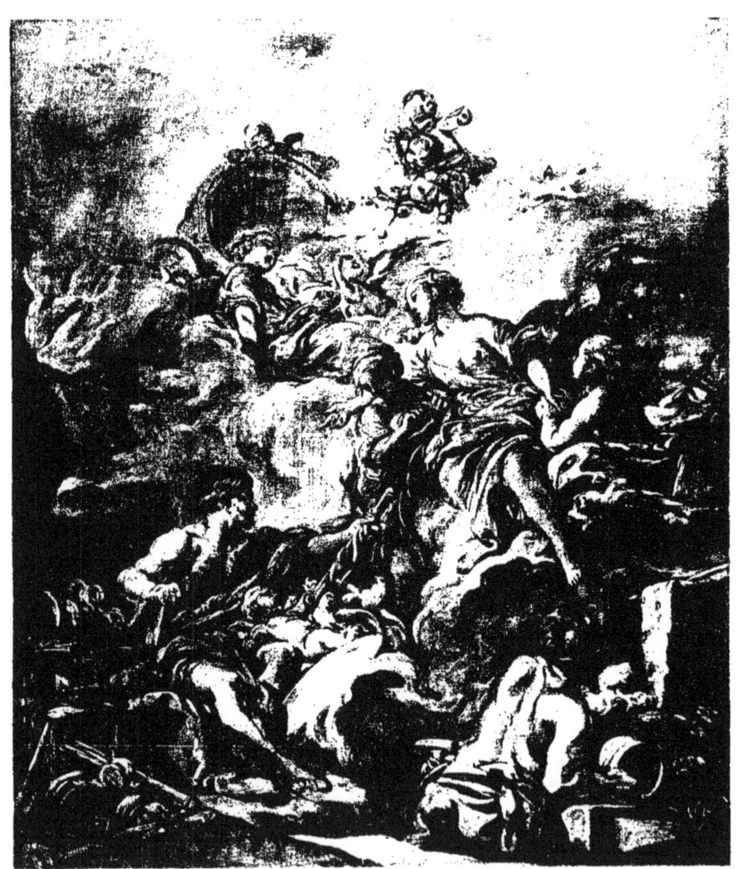

Phototypie Berthaud. Paris

TABLEAUX ANCIENS

BOUCHER
(FRANÇOIS)
Paris, 1703-1770

28 — *Vénus commandant des armes à Vulcain.*

La déesse, enveloppée de draperies agitées par le vent, portée sur un nuage et accompagnée de deux nymphes, fait un geste vers Vulcain assis à gauche, au premier plan, devant une enclume et tenant un sabre à la main. Près du dieu, un amour, deux colombes et un bouclier.

A droite, deux cyclopes : l'un vu de dos et tenant un casque ; l'autre appuyé sur un étau.

Dans le fond, sur les nuages, le char de la déesse attelé de cygnes, une nymphe, des amours, des colombes.

Très belle peinture en grisaille.

> Haut., 54 cent. ; larg., 45 cent.

Cadre en bois sculpté.

MABUSE

(JEAN GOSSAERT dit de)
Maubeuge, 1470-1541

29 *Portrait présumé de Jacqueline de Bourgogne.*

La jeune princesse est représentée à mi-corps, légèrement tournée vers la gauche, tenant une sphère armillaire. En robe rouge décolletée, aux larges manches ornées de passementeries bleues sur fond blanc, les cheveux blonds séparés en bandeaux sur le front et couvrant les oreilles, coiffée d'un bonnet de même étoffe que les manches du corsage, elle est parée de chaines de perles et de bijoux d'orfèvrerie; un collier enrichi de pierres précieuses autour du cou, un pendantif fixé sur la poitrine.

Fond vert, avec encadrement rectangulaire.

Bois. Haut., 38 cent.; larg., 29 cent.

Worcestershire Exhibition, 1882.

Exposition de la Toison-d'Or, Bruges, 1907. No 65.

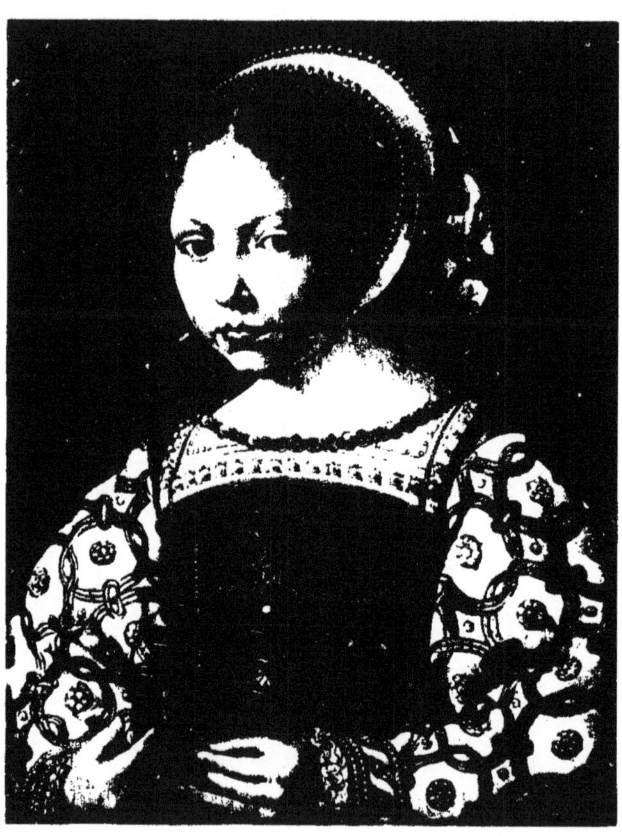

29

OLIS

(JEAN)

E. H. † 1670

30 — *Soldats dans un intérieur.*

Trois hommes, coiffés de larges chapeaux de feutre,
sont réunis autour d'un tonneau qui leur sert de table ;
le premier assis sur un tabouret, la tête tournée vers le
spectateur, tient un couteau et un hareng : le second
assis sur une chaise, une cruche appuyée sur le genou,
lève son verre en regardant un autre compagnon
debout au centre et fumant une longue pipe. Plus loin
à gauche, devant une haute cheminée, un fumeur assis
tient des pincettes à la main. A droite et vers le fond,
un cinquième personnage, vu de dos, est accoudé sur
une porte au volet ouvert, regardant la campagne.

Beau et intéressant tableau d'un artiste dont les
œuvres sont très rares.

Signé à gauche sur le manteau de la cheminée et
daté : 58.

Bois. Haut., 37 cent. ; larg., 50 cent.

PALAMEDES

(ANTONIS.

Delft. 1601-1673

(DEUX PENDANTS)

31 — *Portrait d'une dame de qualité.*

Représentée à mi-corps, tournée de trois quarts vers la gauche, la main droite tenant un éventail, l'autre main, un pli de la jupe. Les cheveux relevés sous une coiffe ornée d'une chaîne de perles, elle est en robe noire avec un large col couvrant les épaules et des manchettes de guipure.

En haut, à droite, des armoiries.

Signé en toutes lettres et daté : *1656.*

Toile. Haut., 83 cent.; larg., 68 cent.

32 — *Portrait d'un gentilhomme.*

Vu à mi-corps, debout et tourné vers la droite, une main appuyée sur la hanche, l'autre tenant une canne, les cheveux blonds bouclés pendant sur la nuque, vêtement noir avec col et manchettes de guipure.

En haut, à gauche, des armoiries.

En bas, à droite : Aet. 26. Anno 1658. A. *Palamedes pinxit.*

Toile. Haut ; 83 cent.; larg., 69 cent.

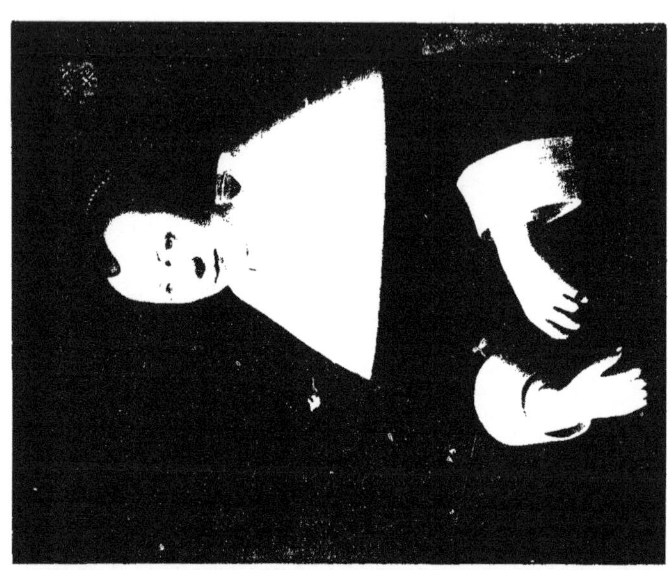

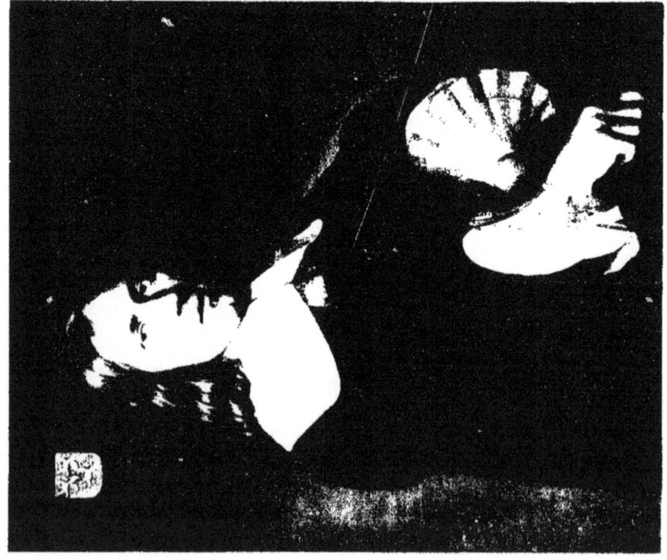

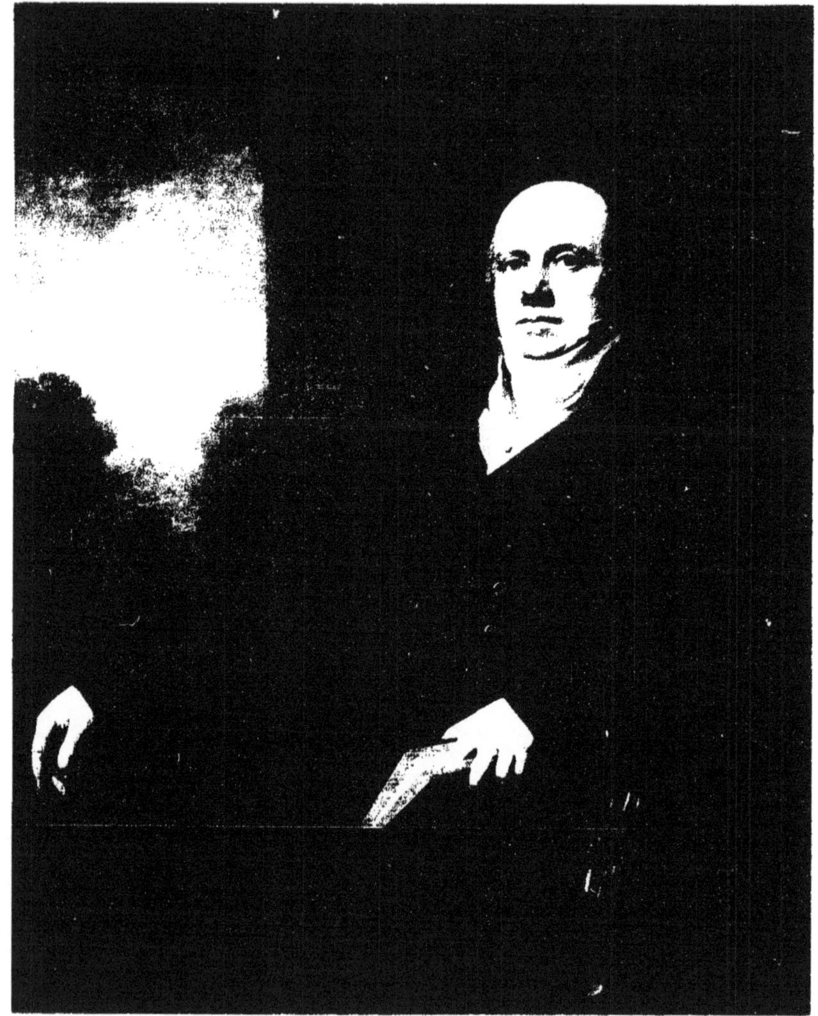
Phototypie Berthaud, Paris

RAEBURN

(Sir HENRI)

Stockbridge, 1756-1823

33 — *Portrait présumé du duc de Bedford.*

Il est assis dans un fauteuil, de trois quarts à gauche, les bras accoudés, la main gauche tenant un livre entr'ouvert. La tête chauve, le visage coloré, émergeant d'une large cravate blanche nouée sous le menton, il porte des culottes courtes et un habit bleu à boutons d'or, croisé sur un gilet jaune.

Un rideau rouge est relevé sur le fond laissant apercevoir la campagne.

Toile. Haut., 1 m. 26 cent.; larg., 1 mètre.

Collection W.-P. Adam de Bladiradam.

Raeburn Exhibition, 1876.

RUBENS

PIERRE-PAUL

Né en 1577-1640.

31 — *L'Érection de la Croix*.
(*Triptyque*).

Sur le panneau de droite, à la tête des soldats romains
poussant les deux larrons au supplice, le centurion
portant un manteau rouge, monté sur un cheval gris,
tient le bâton de commandement.

Au centre, Jésus est cloué sur l'instrument de son
martyre. Sept hommes dressent la croix. Debout, les
bras levés, accroupis ou arc-boutés, l'un couvert d'un
manteau rouge, deux d'entre eux en cuirasse, les autres
nus, le torse puissant, les muscles saillants, ils expri-
ment l'effort et la violence. Vers le fond, un larron est
en croix, le second entraîné par deux bourreaux ; le
centurion, accompagné de plusieurs hommes d'armes,
donne des ordres. Au sommet du Golgotha, des arbres
plient sous la tempête. Le ciel est tourmenté de nuages,
rougi par des lueurs de feu.

Sur le panneau de gauche, devant un rocher, la
Vierge est debout, les mains jointes, un voile noir posé
sur la tête entourant son visage, le corps drapé dans
un long manteau gris. Saint Jean, couvert d'un manteau rouge, la regarde avec compassion. La Madeleine
et deux saintes femmes sont agenouillées à terre. Une
jeune mère, assise au premier plan, en jupe rouge, un
manteau jaune autour d'elle, tient un enfant.

Cette admirable peinture, éclatante de couleurs et
de la plus puissante exécution, est l'un des projets du
grand triptyque qui orne la cathédrale d'Anvers, avec
de considérables variantes. Parmi les plus importantes,

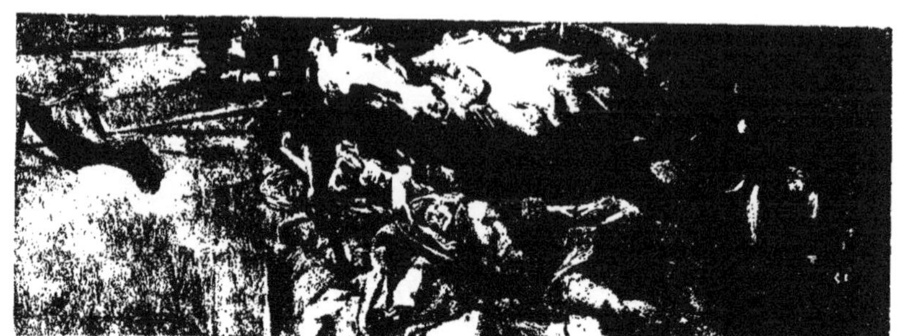

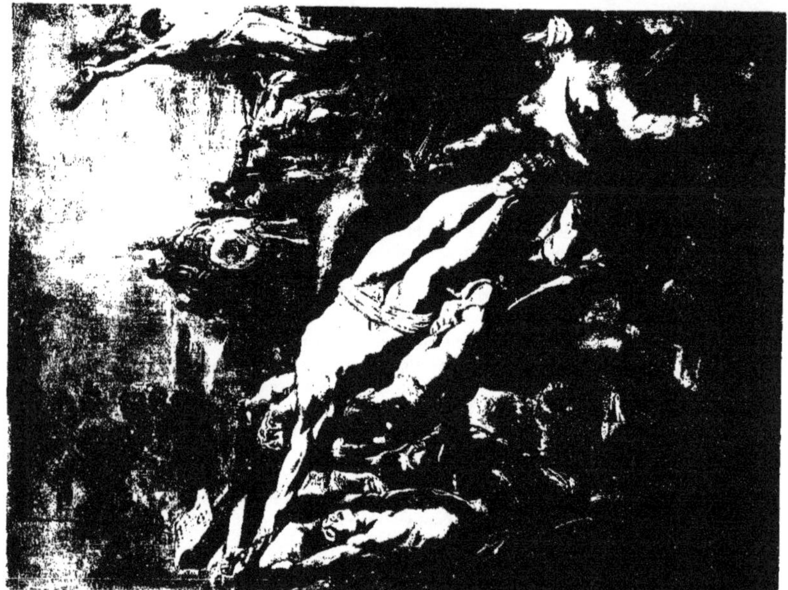

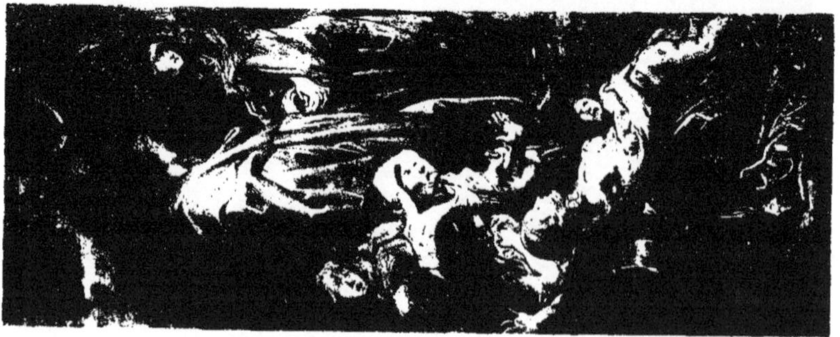

on remarque, dans le panneau central, la position du corps du Christ, vu de face dans le tableau d'Anvers, et de trois quarts dans celui-ci ; l'absence complète dans le tableau d'Anvers de la scène du fond, représentant dans notre tableau le supplice des deux larrons : un gros chien figurant seulement en bas et à gauche dans le tableau d'Anvers.

Dans le panneau de droite, le tableau d'Anvers représente l'un des larrons tombé à terre. Dans le présent tableau, ils sont tous les deux debout.

Bois.

> Panneau central, haut., 67 cent.; larg., 51 cent.
> Panneau de droite, haut., 67 cent.; larg., 25 cent.
> Panneau de gauche, haut., 67 cent.; larg., 27 cent.

Collection S.-T. Batts.

Collection Alfred Buckley.

Exposition de la British Gallery en 1818.

Exposition de la Royal Academy en 1844 et en 1882.

Smith. *Catalogue raisonné.* II. 2. 3.

Max Rooses. *L'Œuvre de Rubens.* page 78.

ÉCOLE HOLLANDAISE

(XVIIe siècle)

35 — *Instruments de musique et partitions réunis
sur une table couverte d'un tapis.*

Toile. Haut., 96 cent.; larg., 1 m. 56 cent.

TABLEAUX MODERNES

LENBACH
(FRANÇOIS)

36 — *Portrait d'Homme.*

> Les cheveux bouclés sur le front, les yeux fixés vers
> la gauche, vêtu d'une redingote, il est assis, vu à mi-
> corps, les bras croisés, la main droite soutenant le
> menton.
> Étude sur fond gris.
> Signée à droite en toutes lettres.

> Carton. Haut., 75 cent.; larg., 56 cent.

MÉRINO
(V.)

37 — *Jeune Femme en buste.*

> Toile. Haut., 55 cent.; larg., 46 cent.

TSCHAGGENY

38 — *Un Cheval de trait.*

> Signé à droite : *Tschaggeny.* Renis-art, 1871.

> Toile. Haut., 40 cent.; larg., 54 cent.